Ralf Koerrenz

DIE KNÖPFE

Die Reise zum Mittelpunkt des Selbst

2018

Ferdinand Schöningh

Umschlagabbildung:
Ralf Koerrenz, Jena/Clemens Klein, Jena:
Das namenlose Wesen (2018) (privat)

Abbildungen im Text:
Clemens Klein, Jena (privat)

Satzgestaltung:
Clemens Klein, Jena/Ralf Koerrenz, Jena

Bibliografische Information der Deutschen Nationalbibliothek
Die Deutsche Nationalbibliothek verzeichnet diese Publikation in der Deutschen Nationalbibliografie; detaillierte bibliografische Daten sind im Internet über
http://dnb.d-nb.de abrufbar.

Internet: www.schoeningh.de

Einbandgestaltung: Ralf Koerrenz, Jena/Clemens Klein, Jena
Herstellung: Brill Deutschland GmbH, Paderborn

ISBN 978-3-506-72844-9

Ralf Koerrenz

DIE KNÖPFE

1.

„Es ist, was es ist" –
dieser bescheiden anmutende Satz
war Vater und Mutter zugleich
von einem Wesen,
dessen Name kein Name ist
und das doch
– so bleibt zu hoffen –
ein jeder und eine jede
kennt.

Wie ein Lufthauch,
ein dünner, sanft gleitender Lufthauch
weht das Wesen durch die Welt.
Der Lufthauch flüstert
das Leben in unser aller Herz.
Der Lufthauch entsteht,
er bleibt und breitet sich aus,
zuweilen entschwindet er.

Nur unser Atem
– sanft, mutig und verletzlich –
braucht ihn,
weil sonst unser Herz zu erstarren droht.
Nichts ist so aufregend,
so unendlich aufregend,
als den Lufthauch wachsen zu sehen,
wie er sich ausbreitet unter Menschen.

Dieses flüchtige Wesen ist eine prächtige Gestalt,
wohl die prächtigste auf Erden.
Doch bis diese Pracht zur Entfaltung kommen kann,
muss er, der Lufthauch,
einen langen Weg beschreiten.

Wenn der Lufthauch eines Tages mal wieder das Licht der Welt erblickt, ist er noch gänzlich nackt, noch gänzlich namenlos. Nie wird ein Wesen, das einem Lufthauch gleicht, mit unserer Sprache einzufangen sein. Tastend nur können sich unsere atmenden Worte seiner Lebendigkeit nähern, ohne es je feststellen, besitzen, gar fesseln zu können. Und dennoch wird das Wesen eines Tages namhaft gemacht, ausgesprochen, in Worte gebracht. Das sind Ende und Ziel all seiner flüchtigen Bewegungen. Nur fester Besitz wird es niemals und für Niemanden. Eine Sehnsucht aber, namhaft zu werden, begleitet das Wesen vom ersten Augenblick an.

Wenn der Lufthauch eines Tages mal wieder in der Dämmerung der Welt aufscheint, ist er noch gänzlich namenlos, noch gänzlich nackt an seinem ganzen Körper. Das Wesen schämt sich für diese Nacktheit nicht, doch wenn es die vielen Farben in der Welt erblickt, merkt es, dass ihm etwas fehlt. Die Nacktheit lässt es frösteln und es wächst die Sehnsucht nach einer Bekleidung. Das Wesen spürt, wie nötig es ist, sich aus den Farben der Welt ein feines Gewand zu fertigen – nötig, um sich zu schützen und um wachsen zu können.

Das Gewand jedoch darf nicht irgendeines sein. Es muss schon etwas Besonderes werden, etwas, das sich ihm, dem Wesen ohne Namen, als würdig erweisen wird. Es ist die reine Pracht, die reine Farbenpracht des Lebens voll Freude und Schmerz, nach der der Lufthauch sich sehnt.

Der Wunsch, ein solch feines Gewand zu knüpfen, verleiht seinem Herzen einen lebendigen Takt.

2.

Schauen wir unserem noch namenlosen Wesen über die Schulter, als es sich einst wieder einmal auf der Erde blicken ließ und auf den Weg machte, sich mit der Farbenpracht des Lebens zu bekleiden.

Da unser namenloses Wesen von Geburt an eine feine Geschicklichkeit sein eigen nennen kann, fiel ihm auch diesmal der Anfang nicht schwer. Es sammelte, wie es eben nur ein Lufthauch vermag, die umherschweifenden Farben der Welt in einen Korb, machte sich an die Arbeit und rasch war ein bunt-leuchtender Stoff mit glänzender Farbenpracht geweht und gewebt. Der Stoffballen war beeindruckend groß. Der Lufthauch schnitt wieder und wieder ein Stück davon ab, um es auf sich zuzuschneiden. Der Stoffballen aber wurde und wurde dabei nicht weniger. Fast schien es sogar, dass er noch wüchse.

Etwas anderes aber war mindestens ebenso bemerkenswert. Wenn wieder ein neuer Versuch für ein Gewand fertiggestellt war, passierte am Ende etwas Sonderbares. Das Gewand an sich schien zwar sehr gelungen. So schön, so gut. Immer jedoch war das Ergebnis unbefriedigend. Es passte nicht. Es passte einfach nicht. Dies wiederholte sich viele Male. So sehr sich unser Wesen an seinem Gewebten erfreute, wollte es ihm bei all seinen Versuchen nicht gelingen, diesen feinen Stoff für seinen Körper passend zu machen.

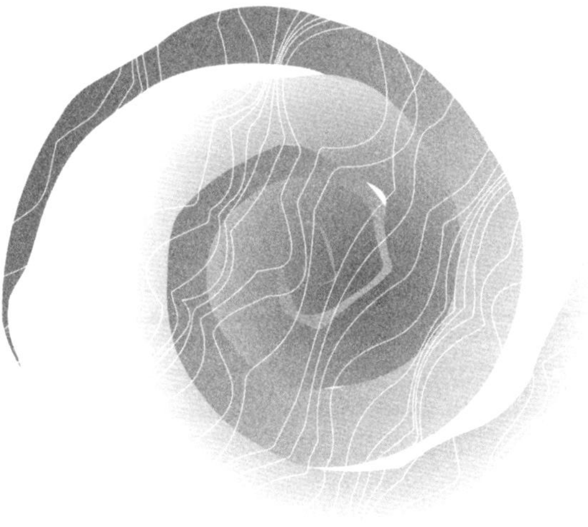

Denn ein Lufthauch ändert seine Gestalt von Minute zu Minute, ja manchmal sogar von Sekunde zu Sekunde. Das eine Mal war das Gewand zu eng und schnürte fast den Atem ab, das andere Mal war das Gewand viel zu weit, so dass der Lufthauch das Gewand verlor. Das Wesen überlegte hin und her und her und hin, doch wollte es ihm einfach nicht in den Sinn kommen, wie aus jenem Stoff ein passendes Gewand gefertigt werden könne. Der zarte Lufthauch grübelte und grübelte. Irgendetwas fehlte. Was mag es wohl sein?

3.

Traurig trollte es sich zu seinen Eltern,
jenen berühmten Worten „*Es ist, was es ist*",
und klopfte sanft an ihrer Buchstaben Tür.

Es klagte sein Leid.

„*Es ist, was es ist*" hörten beide gut zu.

Sie wiegten ihre Köpfe nach links,
dann wiegten sie die Köpfe nach rechts.
Sie richteten ihre Blicke auf die Erde,
und sie schauten in den Himmel.

Nach einer Zeit nachdenklicher Stille hatten „*Es ist, was es ist*" wohl den passenden Rat gefunden.

„Schau einmal“,

sprach das satzige Elternpaar,

„Du hast bereits einen feinen Stoff gewebt,
um ein ebenso feines Gewand zu schneidern.
Du suchst nach einem Gewand,
das Dir Würde verleiht und Dich schützt.
Du brauchst ein Gewand,
das sich den vielen Gestalten eines Lufthauchs
anzupassen vermag.

Das Gewand muss also wachsen
und auch wieder kleiner werden können,
damit es Dir nicht den Atem abschnürt
oder Dir verlorengeht.

Dafür aber brauchst Du mehr als den reinen Stoff.

Eine Form musst Du finden –
eine Form, die offen ist und zugleich geschlossen,
eine Form, die wachsen kann
und auch zuweilen etwas schrumpfen,
eine Form, die getrennt ist
und doch zugleich untrennbar ineinander verwoben,
eine Form, die Du trägst und die Dich trägt.

Es ist immer gleichzeitig:
das Feine und das Unfeine,
die Freude und der Schmerz,
das Gelingen und das Scheitern,
das Verbundene und das Getrennte.

Willst Du das Verbundene und das Getrennte vereinen,
so brauchst Du luftige Brücken in Deinem Gewand,
die das Wachsen und Schrumpfen
miteinander verknüpfen.

So wirst Du Dein Gewand nicht verlieren.
Brücken aber sind Arbeit.
Und Du brauchst Helfer,
farbenprächtige Helfer,
die diese Brücken gründen und erhalten.

Für eine Brücke brauchst Du
löchrige Haltepunkte und
jene Kleinigkeiten,
die in den Haltepunkten ihren Platz zu finden haben.

Die Löcher für die Halterungen
vermagst Du selber zu schneidern –
an ganz unterschiedlichen Punkten
in Deinem Gewand.
Das ist jedoch die eine Seite nur.

Die andere Seite hast Du noch nicht in Deiner Hand.
Knöpfe sind es, die Dir fehlen.
Knöpfe knüpfen Dein Kleid zum passenden Gewand,
das Dir auf Deinem Weg
Schutz und Strahlkraft geben wird.

Um festen Halt zu bekommen
und die Vielfalt des Lebens
in Dein Gewand aufzunehmen,
müssen es zwölf solche Löcher und Knöpfe sein.

Mit einem so geknüpften Gewand
wirst Du Menschen Glück bringen,
gleich welchen Alters,
gleich welchen Geschlechts.

Suche nach passenden Knöpfen,
sie werden Dir und Anderen
der Grund des Lebens sein."

Sprachlos schaute unser namenloses Wesen umher.
Knöpfe brauche es also – soviel war ihm klar geworden.

Und ehe es noch danach fragen konnte, wie es denn zu solcherlei Knöpfen gelangen könne, reichten seine Eltern ihm auch schon eine große Karte.

Auf der rechten Seite dieser Karte war ein Tal mit einem Dorf eingezeichnet.
Was mochte diese Zeichnung bedeuten?
Sollte es etwa dorthin reisen?

Auf der Karte waren zwölf Häuser zu erkennen.
Sollte hier die Lösung für sein Gewand zu finden sein?

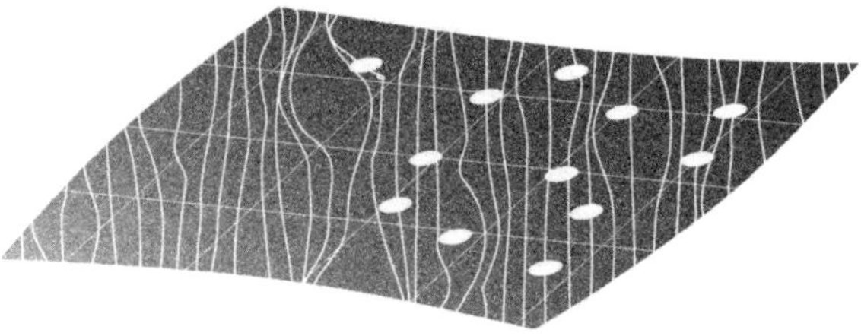

Der Lufthauch spürte, dass ein großes und ungewisses Abenteuer vor ihm liegen könnte. Denn die Häuser befanden sich offensichtlich an einem fernen Ort, der Weg dorthin mochte beschwerlich werden.

Doch gab es eine andere Möglichkeit, sein Gewand so zu vollenden, dass es sein lebendiges Wachsen begleiten können würde?

Wohl nicht.

„In diese Häuser musst Du gehen",

sprach das Elternpaar,

„um zu den Knöpfen zu gelangen.
Die Weisheit des *‚ist'* ist Dir von Geburt an gegeben.
Unser Name *‚Es ist, was es ist'*
wird Dein Freund und Helfer sein
auf der Reise in das Dorf der zwölf Häuser.
Sei geduldig und höre,
so werden fast alle Hüter der Häuser Dir von sich aus
einen Knopf reichen.
Wenn Deine Sammlung vollständig ist,
werden die Knöpfe die Teile Deines Gewandes
nicht nur luftig zusammenhalten,
sondern auch
mit einem lebensspendenden Namen verzieren."

Knöpfe?

Reise?

Namen?

Reise?

Knöpfe?

Verwundert und ein wenig ratlos starrte das namenlose Wesen auf die Karte. Seine Blicke wanderten von der Farbenpracht des selbst gefertigten Stoffballens hin zu den zwölf Punkten in dem fernen Dorf, das auf der Karte eingezeichnet war.
Es war wohl ein langer Weg,
soviel mochte unser Wesen schon jetzt erahnen.
Was es jedoch erwarten würde, war ihm völlig ungewiss.

4.

Es träumte drei Tage und drei Nächte und beschloss dann, in die Ferne aufzubrechen. In seinem Gepäck hatte das Wesen Brot, ein wenig Salz und Wasser. Vom Stoffballen aber hatte es ein kleines Stück abgetrennt, so dass die Farbenpracht seiner Webkunst es begleiten konnte. Mit diesen Sachen machte es sich, noch nackt und etwas fröstelnd, auf den Weg.

Nach vierzig Tagen einer langen und durchaus beschwerlichen Reise gelangte unser Wesen schließlich in das große Tal, in dessen ausladende Weite die meisten jener Häuser wie Farbtupfer in die Landschaft eingezeichnet waren. Es seufzte tief vor Erleichterung, das Ziel der großen Unternehmung gefunden zu haben.

Das Dorf war nun nahe. Da es sich so sehr auf das farbenfrohe Kleid freute, für das es aber ja jene zwölf Knöpfe brauchte, steuerte unser namenloses Wesen auf direktem Wege auf das erste der zwölf Gebäude zu. Es merkte, wie der Weg immer kürzer wurde, die Füße immer leichter und das kleine Herz schneller zu schlagen begann. Würde man es wohl willkommen heißen? Oder würde es abgewiesen und müsste unverrichteter Dinge wieder den Heimweg antreten? Die Schwelle des ersten Hauses wirkte erschreckend hoch.

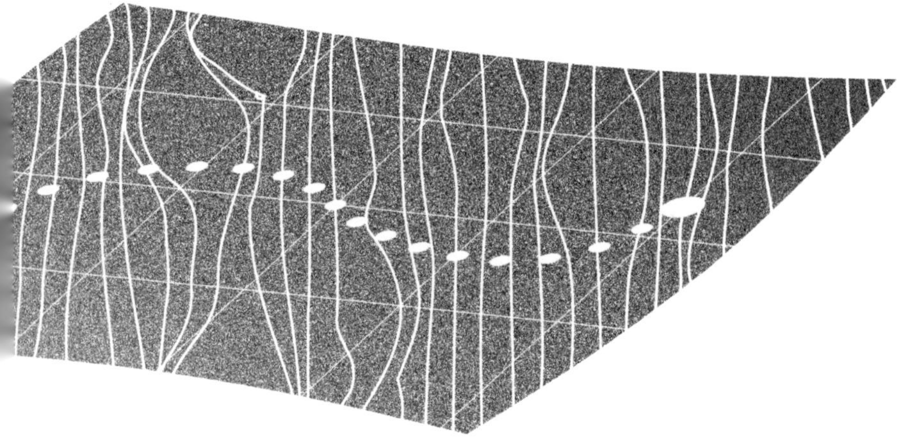

5.

Schon von weitem konnte man die Aufschrift an jenem ersten Haus erkennen. „Tor des Träumens" stand dort über dem Eingang, und das Wesen trat mit mutigen Schritten über die ihm plötzlich gar nicht mehr so abweisend scheinende Schwelle.

„Guten Tag",
grüßte freundlich der Traum, der sich stolz als Hausherr jenes prächtigen Gebäudes vorstellte.

Von „*Es ist, was es ist*" war der Traum, wie alle anderen Hausbesitzer in jenem Tal auch, bereits informiert worden, dass das namenlose Wesen auf dem Weg in das Dorf der zwölf Häuser war. Deswegen wusste der Traum sogleich, wer da vor ihm stand, und sprach:

„So, so, Du möchtest von mir einen Knopf
für Dein festliches Gewand erhalten.
Wie Du vielleicht schon weißt,
werde ich ihn Dir
nur für besondere Klugheit übergeben.
So sprich nun:
Was wirst Du den Erdenkindern
aus meinem Haus mitbringen wollen?
Bedenke deine Antwort.
Dann will ich Dir gerne das geben, was Du wünschst."

Unser Wesen hörte die Stimme, hörte all die Worte und versank plötzlich ganz in sich. In seinen Gedanken zogen viele farbenfrohe Bilder vorbei. Gefangen von der Poesie des Augenblicks fing es an, der Welt zu entschwinden, und träumte – es mögen wohl nur Sekunden gewesen sein – einen schönen Traum. Nicht nur die Farben strahlten darin vor Freude. Glück spiegelte sich in den Gesichtern von Menschen.

„Hey, wo bist Du?",
fragte der Traum erstaunt, als er von seinem Gegenüber nur Schweigen als Antwort erhielt.

„Ich habe geträumt von einer freundlicheren Welt.
Ich habe Menschen lächeln gesehen",
stammelte das namenlose Wesen verlegen.

Und ein wenig breitete sich Zweifel in ihm aus, weil es dachte, dass es ja keine kluge Antwort gefunden habe und nun keinen Knopf bekommen werde.

Das namenlose Wesen befürchtete also, die erste Prüfung nicht bestanden zu haben.

Der Traum aber nickte anscheinend ganz zufrieden und zeigte ihm einen funkelnden Knopf.
Das namenlose Wesen schaute überrascht.

Der Traum sprach:
„Wenn Du noch träumen kannst,
so wirst Du den Menschen eine Zukunft zeigen.
Nichts jedoch ist mehr wert als dies.
Ich wünsche Dir viele Träume auf Deinem weiteren Weg."

Mit solchen Worten übergab der Traum dem glücklichen Empfänger seinen Lohn für die gelöste Aufgabe.

Das namenlose Wesen freute sich sehr
über den funkelnden Knopf, seinen ersten,
und hielt ihn an den mitgereisten Stofffetzen,
um festzustellen,
dass die Farben nicht besser zueinander passen konnten.

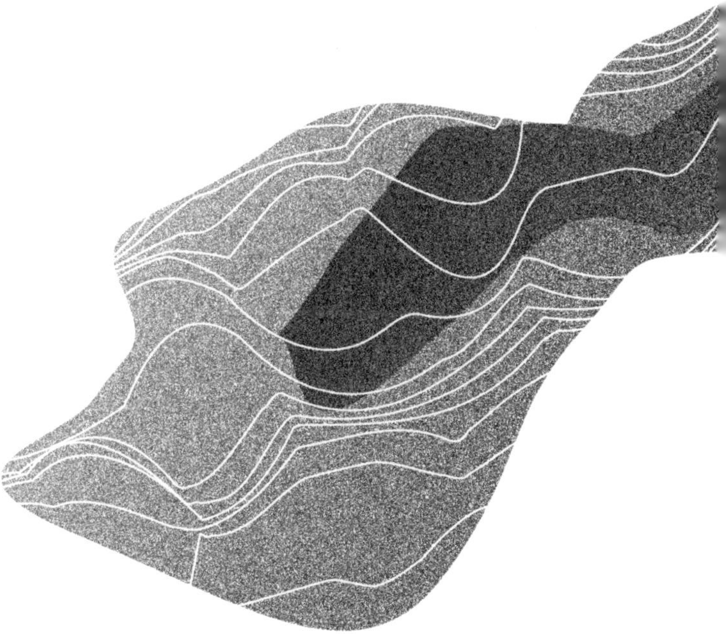

6.

Alsbald gelangte es zu dem zweiten Haus. In großen Buchstaben stand dort „Tor des Streitens".

Der Streit wartete schon auf den Neuankömmling und reichte ihm zur Begrüßung einen hellen Lichtstrahl. Ein sonderbarer Willkommensgruß, den das namenlose Wesen mit schweigendem Dank in seinem Gepäck verstaute.

Alsdann sprach der Streit:
„So, mein Gast,
Du möchtest also einen weiteren Knopf
von mir erlangen.
Da ich den Knopf des Traumes
an Dir funkeln sehe,
brauchst Du bei mir keine Prüfung zu bestehen.
Ich sehe, Du kannst träumen.
Das ist von unschätzbarem Wert
für all Dein Wachsen.
Ich will Dir eine kleine Geschichte erzählen:

„Es waren einmal zwei Erdenkinder, die einander sehr zugewandt waren. Sie beschlossen, eine Strecke ihres Lebensweges gemeinsam zu gehen. Am Anfang war ihr Herz leicht und groß wie eine Sonnenblume. Eines Tages aber gelangten sie auf ihrem Weg an eine Gabelung. Da standen sie an der Abzweigung und waren uneins darüber, welchen Weg sie weiter gehen wollten. Sie fingen an zu streiten und waren sehr überrascht darüber, sich streiten zu hören. Da mein guter Geist jedoch unter sie kam, stritten sie weiter, drei Tage und drei Nächte lang. Allerdings, und nun horche gut auf mein junger Freund, stritten sie nie über die Person des anderen, sondern immer nur über die Gabelung, die vor ihnen lag. Zueinander hatten sie Ja gesagt, nicht aber dazu, nie streiten zu dürfen. Dies lernten sie an der Gabelung, der Gabelung des Lebens. Erwacht aus dem Traum der allerersten Zuneigung wählten sie einen Weg des streitbaren Gesprächs. Das Streiten über den Weg aber wurde ihr ständiger Begleiter. Und sie freuten sich aneinander und darüber, dass sie miteinander streiten konnten, dankten der Gabelung und zogen friedlichen Streites ihres Weges."

Das namenlose Wesen schwieg. Es fühlte sich an, als hätte der Traum hier einen Boden unter seine Füße bekommen, auf dem man – wachgehalten von kleinen spitzen Steinen – laufen konnte. Die spitzen Steine piksten zwar ein wenig, taten dem Traum aber nicht richtig weh.

Das namenlose Wesen wunderte sich über seine Gedanken und blickte mit großen Augen auf den Streit. Der Streit gab daraufhin unserem namenlosen Wesen einen weiteren Knopf, den zweiten immerhin schon, als Zeichen des träumend-streitenden Geistes mit auf den Weg.

Zum Abschluss sprach der Streit:
„Hüte den Knopf des Streites wie alle anderen Knöpfe. Bewahre aber auch den Lichtstrahl in Deinem Gepäck. Vielleicht wirst Du ihn eines Tages noch brauchen, falls Du meiner Schwester begegnen solltest."

Unser Wesen staunte sehr, dankte und zog weiter.

7.

Nur wenige Schritte waren nötig, um auf das Nachbargrundstück zu gelangen. Hier herrschte eine ganz andere Stimmung. Wohl war dem namenlosen Wesen nicht, als es über die Schwelle dieses Hauses trat.

„Wie Du an meinem Namensschild lesen konntest,
bin ich der Herr des Vergleichs",
brummelte dort der Hüter des Hauses unserem gerade eben noch fröhlichen Wesen entgegen.

Muffig dumpf brodelte eine sumpfige Stimmung des Ungewissen inmitten der Begegnung.

„Hier wirst Du es nicht so leicht haben,
einen Knopf zu bekommen",
meckerte die Stimme in sich hinein.
„Ich habe einen Rätselspruch für Dich,
dessen Lösung Du mir flüstern musst,
soll Dein Weg hierhin nicht vergeblich gewesen sein."

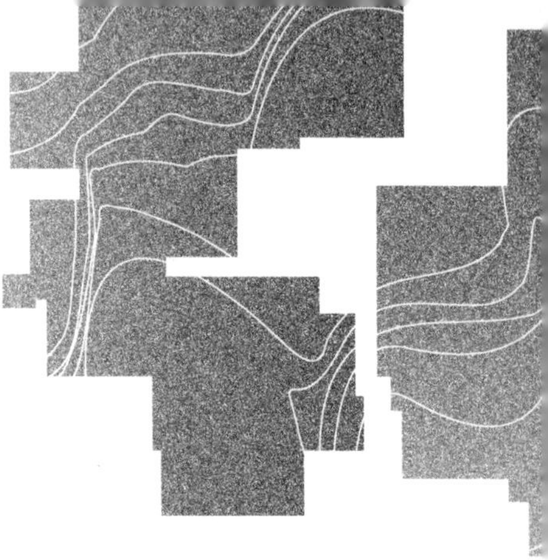

Schwer atmete der Vergleich und schnaufte mit erkennbarer Verachtung für alles Farbenfrohe seine Worte.
„So höre nun den Rätselspruch:

Dreimal lauthals rausgelacht
viermal hirnlos nachgedacht
fünfmal Festes ausgesprochen
sechsmal Herzen ganz zerbrochen.
Siegt am Schluss der böse Wicht?
Nur eine Waffe hat das Licht!

Nun, was mag jene Waffe des Lichts sein,
Du kleines, namenloses Wesen?"

Atemlose Stille durchzog die Blicke zwischen dem namenlosen Wesen und dem Herrn des Vergleichs.

Die Grübelfurchen auf dem verschüchterten Gesicht unseres Wesens vertieften sich von Sekunde zu Sekunde.

Was sollte es nun sagen und
wie dem brummeligen Hausherrn antworten?

Es brauchte doch auch diesen Knopf?

Dann glitt sein Blick auf das Leuchten der beiden Knöpfe, die es schon hatte, und wie ein Gedankenblitz kam ihm eine Ahnung vor Augen.
Das namenlose Wesen, dessen Herz hörbar laut wumperte, nahm all seinen Mut zusammen und ließ Worte einfach flüsternd seinem Mund entgleiten:
„Höre, Du:

Wenn Menschen sich vergleichen
sich nicht auf ihre Phantasie besinnen
vergessen, dass einzig sie es sind,
die die Andern bestimmen
mit ihren Sinnen,
dann wird der Vergleich zum tödlichen Spiel,
die Waffe des Lichts, die du suchst, heißt Vertrauen."

Der Vergleich
brummelte und grummelte leise schnaubend vor sich hin.

Das namenlose Wesen aber
schien erleichtert, hatte es doch
– wie von Sinnen –
Worte gefunden.

Doch waren es die richtigen Worte?
Anscheinend ja.
Der Hausherr jedenfalls fühlte sich
durchschaut und überrumpelt.

Er brummelte noch ein wenig weiter,
rückte dann aber doch mit dem dritten Knopf
für das farbenfrohe Gewand heraus.

Der Knopf glänzte nicht so stark wie die beiden zuvor, doch schien er eine große Kraft der Verbindung zu haben.
Vertrauen.

Das ist geschafft, dachte sich das namenlose Wesen.

Es war froh, jene finstere Gestalt verlassen zu dürfen, und trat heraus aus dem dunklen Schatten des Vergleichs.

Sein Herz pochte spürbar leichter.
Das namenlose Wesen freute sich an der hell scheinenden Sonne und zog seines Weges.

8.

Nach kurzer Zeit aber gelangte es an ein größeres Doppelhaus, bei dem von außen ersichtlich war, dass zwei bedeutsame Personen in ihm wohnen mochten. Das Bild, das sich dem namenlosen Wesen bot, war schön und verwirrend zugleich. Einträchtig kamen dem Neuankömmling zwei Gestalten Hand in Hand entgegen. Sie verneigten sich vor dem namenlosen Wesen und stellten sich vor:

„Guten Tag, Du weitgereistes Wesen.
Wir sind die Weltenge und die Weltweite",
verkündeten sie im Chor.
„Wir freuen uns, Dich, kleiner Neuankömmling,
in unseren Mauern begrüßen zu dürfen.
Hier reichen wir Dir zwei funkelnde Knöpfe,
die Du jedoch nur zusammen annähen darfst,
weil ein Knopf ohne den anderen
völlig den Glanz verlieren würde."

Ein überraschendes Entgegenkommen – zugewandt, offen und ein wenig rätselhaft. Das namenlose Wesen bekam große Augen ob des Funkelns, das ihm mit den Knöpfen in seiner Hand entgegenstrahlte. An seinem rätselnden Blick konnte man unschwer die Frage ablesen, warum es die Knöpfe so ohne Vorbehalt bekommen hatte und warum denn diese beiden Knöpfe unbedingt zusammengehören sollten.

Die Weltenge und die Weltweite bemerkten dies sofort, und noch ehe das namenlose Wesen ihnen diese Frage stellen konnte, hoben sie bereits damit an, eine Antwort zu sprechen.

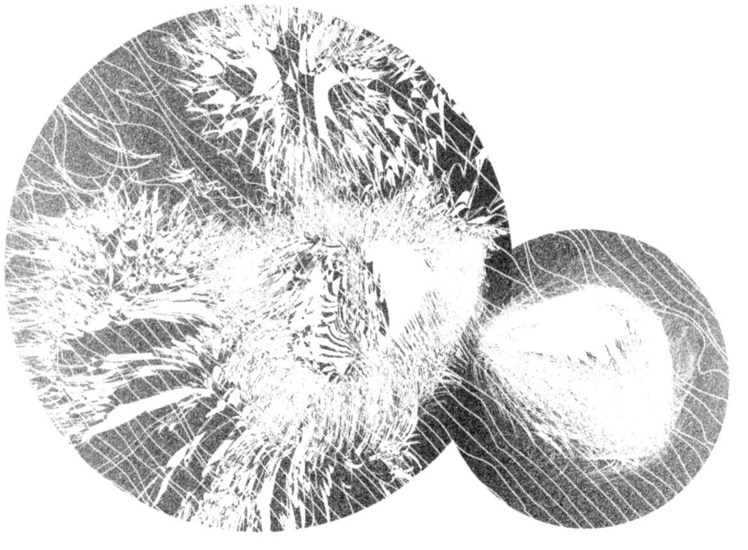

Die Weltenge war die erste Gestalt, die sprach:

„Verlierst Du die kleinen Dinge des Lebens
aus dem Blick,
weil Du nur
auf die große Welt
schaust,
so wird Dein Herz
immer weiter,
immer größer und
am Ende zerplatzen.

Die kleinen Dinge in der Welt
sind wichtig,
unendlich wichtig.

Die eine Hälfte Deines Herzens
wird aufhören zu schlagen,
wenn Du die kleinen, wichtigen Dinge
nicht mehr wahrnehmen kannst."

Die Weltweite nickte zustimmend und fügte ihre Erklärung nahtlos an die Sätze der Weltenge an:

„Gleiches aber gilt,
wenn Du
nur noch in einer kleinen gemütlichen Nische lebst
und nichts mehr
mit der großen Welt
zu tun haben willst.
Dein Herz wird
immer enger,
immer kleiner und
am Ende in sich zerfallen.

Die großen Dinge in der Welt
sind wichtig,
unendlich wichtig.

Die andere Hälfte Deines Herzens
wird aufhören zu schlagen,
wenn Du die großen, wichtigen Dinge
nicht mehr wahrnehmen kannst."

Unser namenloses Wesen staunte nicht schlecht, dass die Weltenge und die Weltweite ganz offensichtlich so unterschiedlich, ja gegensätzlich sein konnten und sich doch geradezu blind verstanden. Das Staunen wurde jedoch noch größer, als die Weltenge und die Weltweite ihre Erklärung gemeinsam im Chor vollendeten:

„Zwei Augen sind Dir gegeben,
um die kleine und die große Welt
gleichermaßen in den Blick zu nehmen.
Zwei Hälften erst machen ein ganzes Herz,
das schlägt und Dich am Leben hält.
Wir, die Weltenge und die Weltweite, gehören zusammen.
Das ist fest
in den Rhythmus Deines Herzens eingeschrieben.
Dein Herz, schau, ist das Haus Deiner Welt.
Beide Hälften Deines Herzens
sind untrennbar miteinander verbunden,
aufeinander angewiesen:
Weltenge und Weltweite.
Nie darfst Du die eine verachten
und gegen die andere ausspielen.
Es mag Zeiten geben,
in denen die eine oder die andere
ein wenig in den Hintergrund rückt,
doch nie darfst Du eine Seite ganz verlieren,
da Du Dich sonst selbst verlierst.
Höre auf Dein Herz und
ziehe hin im Einklang der großen und der kleinen Welt
mit Deiner Gabe des Träumens und Streitens,
die wir an Deinen Knöpfen ablesen können."

Das namenlose Wesen war beindruckt und vor allem froh. Ganz anders als der Herrscher im Haus des Vergleichs waren Weltenge und Weltweite ihm mit Herzen zugewandt.

Es fühlte sich gut an,
lebendig,
kraftvoll,
von Herzen vernünftig.

Mit zwei neuen Knöpfen ausgestattet, hüpfte unser Wesen frohen Mutes von dannen.

9.

Es brauchte gar nicht weit zu wandern,
da gelangte es an eine kleine, bescheiden und zugleich wackelig anmutende Holzhütte.
Dieses Gebäude war anders als alle anderen zuvor. Nicht so stabil, nicht so lebendig. Es schien nur noch eine Frage der Zeit, bis dieses Haus einstürzen würde.
Doch vielleicht täuschte dieser erste Anblick auch, weil das Gebäude ganz offensichtlich schon sehr, sehr alt war. Es muss Jahrhunderte überdauert haben, dachte sich das namenlose Wesen, als es näher kam.
Es klopfte an die Tür.
Zu hören war ein langsames Schlurfen, und mühsam und knarrend öffnete sich die winzig kleine Pforte.

Eine kleine, alte und gebrechlich wirkende Gestalt lugte hervor.

„Ach, Du bist es",
krächzte die Gestalt.
„Hier hast Du nur eine Aufgabe:
Schau mich an."

Stille breitete sich aus zwischen den Blicken.
Unser namenloses Wesen schaute,
da wiederholte die Gestalt ein zweites Mal:
„Schau mich an."

Die Begegnung der Blicke ließ den Atem ruhig werden.

Das namenlose Wesen begann sich zu wundern,
als die Gestalt ein drittes Mal krächzte:

„Schau mich an!
Lass Dir sagen:
Zerbrechlich sind wir, gebrechlich werden wir –
kein Entrinnen gibt es aus diesem Gedanken.
Einst habe ich Cäsar
einen Lorbeerkranz auf den Kopf gehalten,
um selbst ihn an seine Gebrechlichkeit zu erinnern.
Nun habe ich diesen Lorbeerkranz
in diesen Knopf gepresst.
Er soll Dich daran erinnern,
dass Sterblichkeit der Menschen Los ist.
Asche zu Asche,
Staub zu Staub –
nimm diesen matt-glänzenden Knopf
und spiegele damit die Augen der Menschen,
die in ihrem Wahn gefangen sind:
Unsterblichkeit,
Unvergänglichkeit und
Unverwundbarkeit –
das sind die Merkmale des Todes,
nicht aber des Lebens.
Mein Knopf wird Befreiung bringen aus diesem Wahn."

So gesprochen, oder besser: aus dem Kehlkopf herausgekrächzt, warf die Gestalt mit aufmunterndem Blick einen Knopf in Richtung unseres Wesens, den dieses mit seiner ihm eigenen Geschicklichkeit gerade noch aufzufangen wusste. Dann schloss sich die winzige Tür mit ächzendem Knarren und die gebrechliche Gestalt verschwand mit schlurfendem Gang.

Das namenlose Wesen blieb zurück – ruhigen Herzens, ein wenig verwundert und mit einem sehr matten Knopf in der Hand, viel matter als alle anderen Knöpfe zuvor.

Und dennoch: Dieser Knopf strahlte eine ganz eigene Würde aus. Mit einer solchen Würde – so spürte das namenlose Wesen – wird dieser Knopf bestimmt ein besonderer Schmuck für mein Gewand. In aller Endlichkeit und Verwundbarkeit, die die Gestalt ihm vor Augen geführt hatte, empfand unser namenloses Wesen große Ehrfurcht vor diesem Haus.

Es freute sich, dass es einen weiteren Knopf sein eigen nennen konnte.

10.

Nun waren es also nur noch sechs Knöpfe, die ihm fehlten, dachte sich das Wesen. Die Hälfte der Verknüpfungen hatte es schon an sich gebracht. Was mochte der weitere Weg noch an Begegnungen bereithalten? Das namenlose Wesen schwebte vorwärts. Das nächste Gebäude ließ nicht lange auf sich warten. Nur wenige Meter entfernt, war es doch kaum zu überblicken. Seltsam schien es, äußerst seltsam, geradezu ein wenig furchteinflößend. Es war eine viele hundert Meter lange Halle. Diese Halle war nur zwei Meter breit und nur einen Meter hoch. Wer mochte in einem solch langgezogenen Gemäuer wohl hausen?

Unser Wesen entschloss sich, auf dem Dach der Halle entlangzuwandern. Alsbald erblickte es auf dem Boden viele kleine Farbteilchen. Wie von unsichtbarer Hand gelenkt, begann das namenlose Wesen damit, die kleinen Farbteilchen aufzuheben.

Es war eine durchaus mühevolle Arbeit, denn die Teilchen waren sehr klein und manchmal nur beschwerlich zu erkennen.

Doch mit großer Sorgfalt widmete es sich seiner Aufgabe und hatte nach längerer Arbeit eine stattliche Anzahl von Farbteilchen in seiner Hand gesammelt, als am Ende dieses merkwürdigen Gebäudes plötzlich eine seltsam längliche Person vor ihm auftauchte.

„Schön, schön",
entlockte die Person bedächtig ihrem Mund einige Worte:
„Ich bin die Geduld
und bewundere Dich bei Deiner Arbeit.
So geduldig,
wie Du hier mit den Farben umgegangen bist,
sollen einst die Erdenkinder
mit sich und ihren Nächsten umgehen.
Geduld ist eine große Gabe,
die durchträgt,
wo kein Boden mehr unter den Füßen zu sein scheint.
Du hast es gewagt,
über ein großes langes Nichts zu gehen
und die Farben des Lebens zu sammeln.
Geduld aber
war der Begleiter bei alledem.
So will ich Dir aus diesen Farben
einen besonders schönen Knopf erschaffen."

Die Person sprach es, nahm die Farbteilchen und schüttete sie in einen kleinen Mischbecher. Der schüttelte und rüttelte die Farben in eine wohlgeordnete Form. Nach kurzer Zeit schon warf der Mischbecher einen wunderschönen Knopf aus, von dem ganz sicher war, dass er eine besondere Zierde des Gewandes werden würde.

Stolz nahm unser namenloses Wesen den Knopf entgegen, dankte und brach auf zu den Bergen, die in seiner Karte eingezeichnet waren.

11.

Die nächste Wegstrecke führte aus dem Tal in die Höhe in ein kleines Wäldchen, auf dessen Wegwindungen die nächste Kurve immer eine Überraschung bereithalten konnte.

Und in der Tat!

Was nun plötzlich auf dem Weg vor seinen Augen auftauchte, konnte unser namenloses Wesen zunächst nicht fassen. Da tat sich eine große Schlucht auf, tief und abgründig, über die eine Hängebrücke gespannt war. Dies alles vermag noch nicht weiter zu verwundern, da man solch abenteuerliche Bilder wohl schon gelegentlich gesehen hat. Doch, ihr werdet es nicht glauben, mitten auf dieser schwankenden Brücke stand ein kleines, luftiges Haus. Dieses trug ausgerechnet die von weitem erkennbare Aufschrift „Haus des Fundaments". Welch wunderliche Angelegenheit.

Da musste es nun also hinaus –
auf die Hängebrücke.

Es gab keinen Zweifel.

Unser namenloses Wesen seufzte schwer.

Aber was blieb ihm übrig?

Es schwankte,
mehr oder weniger
von einer gewissen Übelkeit begleitet,
über die Hängebrücke
hin zu deren Mitte
und trat mit wackeligem Schritt
über die Schwelle des Hauses.

In der Mitte dieses Luftschlosses thronte
ein sechszackiger, blauer Stern,
wohl ein Stellvertreter
des eigentlichen Hausherrn.

Und das namenlose Wesen wunderte sich sehr, als der Stern zu sprechen begann.

Der Stern sagte:

„Willkommen,
Du kleines, großes Wesen –
mutig und schüchtern zugleich,
unverwundbar und doch verletzlich,
Du Nichts und Alles.
Du magst so groß und so schön sein
wie fallendes Laub im Herbstwind.
Der Herr allein aber bleibt Herr
und gibt Dir einen sicheren Boden
unter Deinen Füßen.
Nirgends bist Du so sicher vor dem Absturz ins Nichts
als hier über der Schlucht im schwankenden Hause."

Das namenlose Wesen schaute mit fragenden Augen auf den Stern.

Was bedeuten diese Sätze?
Das Leben ist doch einfach,
warum muss es so schwierige Gedanken geben?

Ihm schwirrte der Kopf ob der wunderlichen Worte.
Der Stern schaute aufmerksam auf die flackernd-fragenden Augen unseres Wesens, denn er konnte in Gesichtern lesen. Deswegen sah der Stern auch, wie verwirrt das Wesen war.

Der Stern fuhr fort:

„Solange Du über felsigen Klippen schwankst,
bist Du sicher,
dass Du das Leben spüren kannst.
Wähnst Du Dich aber in unantastbarer Sicherheit
und willst womöglich diese
auch noch anderen aufzwingen,
so wirst Du unweigerlich in den Abgrund stürzen.
Bedenke, wie zerbrechlich Du bist und immer sein wirst.
Nur die Gewissheit Deiner Zerbrechlichkeit
kann Dir helfen,
auf Deiner Reise zu Dir selbst zu gelangen.
So gebe ich Dir diesen Knopf aus meiner Mitte.
Er möge Dich begleiten
Dein Wirken lang.
Gebe den Erdenkindern
jene schwankende Gewissheit des Ungewissen,
so wird es ihnen wohlergehen."

Unser Wesen hatte sich während dieser, zugegeben etwas merkwürdigen, Ansprache des Hausherrn fest an das Geländer geklammert und sich nur allmählich auf den schwankenden Untergrund des Hauses auf der Hängebrücke eingelassen. Die Sicherheit des Ungewissen brachte langsam Ruhe in sein Herz. Es spürte sogar so etwas wie lebendige Gelassenheit aufkommen.

Mit dieser Freude konnte es schließlich den weiteren Knopf für sein festliches Kleid in Empfang nehmen.

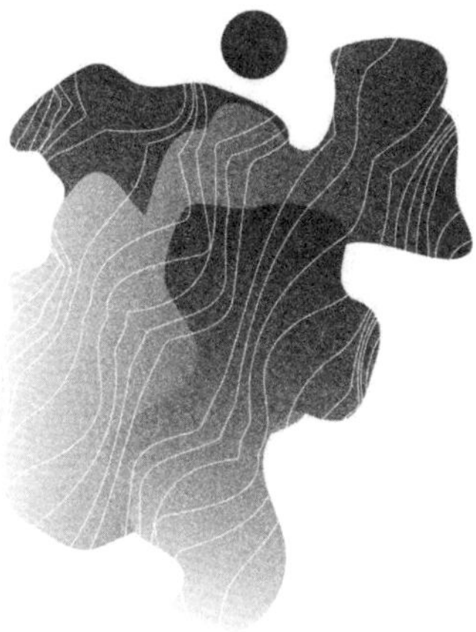

„Nun",
so sprach der Stern zum Abschied,
„als Nächstes werden Dich drei wichtige Gesellen erwarten,
die nichts sind ohne meinen Schutz.
Fürchte Dich nicht,
denn mein Knopf soll allezeit bei Dir sein."

12.

Ein wenig froh war unser namenloses Wesen schon, als es die schwankende Brücke hinter sich gelassen hatte. Endlich wieder auf festem Grund. Es freute sich darüber, dass der Weg eine gewisse Weile dauerte und es sich so wieder an den Boden unter den Füßen gewöhnen konnte. Wie war das noch? Jetzt warteten drei „wichtige Gesellen"? So hatte es der Stern gesagt. Als unser Wesen eine ganze Zeit gewandert war, staunte es nicht schlecht, als es drei flache Häuser ohne Dach erblickte, vor denen sich ein kleiner Tisch befand, an dem eben jene drei Gesellen Karten spielten. „Guten Tag", sprachen sie im Chor, ohne zunächst ihr Spiel zu unterbrechen. Unser noch namenloses Wesen war irritiert.

Dann jedoch legten sie die Karten beiseite, verneigten sich je einzeln tief vor dem Ankömmling und stellten sich mit einer huldvollen Verbeugung vor. Besitz, Gespräch und Weg waren die Namen jener drei Gesellen. Nacheinander sollten sie bald zu jenem geheimnishütenden Spiegel greifen, der an der Wand des mittleren Hauses hing.

13.

„Besitz, mein Name“,
stellte sich die erste Gestalt vor.
„Nie darfst Du mich verwechseln
mit dem Gespräch oder gar dem Weg,
denn ich bin das Auge der Vergangenheit.
Schau in diesen Spiegel
und sage mir, was Du siehst.“

Unser namenloses Wesen hörte auf die Worte
und blickte mit Staunen in den Spiegel.

Es sagte:

„Ich sehe zwei Erdenkinder.
Die gehen ein Stück ihrer Zeit gemeinsam
und gelangen so in den Besitz
von Bildern der Vergangenheit.
Diese Vergangenheit werden sie ihr eigen nennen –
mit allem Schönen und Unschönen
der vergangenen Gespräche und Erlebnisse.
Ich sehe viele Weglinien –
gerade,
krumm,
gekreuzt.
Eines aber ist deutlich:
Wo immer Erdenkinder hingehen,
mit wem immer sie weitergehen –
ihre Bilder und Geschichten werden sie begleiten.
Manche verstecken sie,
manche teilen sie.
Manches Bild ist schön,
manches schmerzhaft.
Es ist ein buntes Gepäck,
mit dem die Erdenkinder auf Reisen sind."

„Du bist ein guter Beobachter",

sprach da der Besitz.

„Behutsam sei der Umgang mit der Vergangenheit.
Bilder und Geschichten zu verstecken,
macht zuweilen guten Sinn.
Denn schutzlos gelingt keine Reise durch die Zeit.
Solch buntes Gepäck kann jedoch schwer werden,
sehr schwer.
Besser ist es, die Bilder der Vergangenheit
auszusprechen und zu verhandeln,
damit keine Wunden offen bleiben
und zu kalter Unbarmherzigkeit ausbluten.
Nur wenn Wunden geheilt,
Schmerz und Freude geteilt werden,
eilt die Vergangenheit
wie der leuchtende Schatten
als Wegweiser der Gegenwart und Zukunft voran."

Das namenlose Wesen lauschte mit großen Augen. Der Besitz aber vollendete seine Rede mit den Worten:

„Vergangenheit ist ein zwiespältiger Besitz,
der jedoch von offenen Ohren und hörenden Herzen
getragen werden kann.
Wer solchen Ohren und Herzen begegnet,
hat Glück gefunden.
Hier, nimm
den Knopf des den Erdenkindern möglichen Besitzes
und spiegele damit ihre Erinnerung."

Froh über diese Gabe fügte das namenlose Wesen den Knopf der Sammlung seiner anderen Knöpfe hinzu.

14.

Eine kurze Zeit lang herrschte eine schwebende Stille, da der Atem der Vergangenheit sich über diese Begegnung gelegt hatte.

Dann aber ergriff die zweite Gestalt das Wort und sprach:

„Gespräch, mein Name.
Nie darfst Du mich verwechseln
mit dem Besitz oder dem Weg.
Schau in diesen Spiegel und sage mir, was Du siehst."

Das namenlose Wesen schaute angestrengt in den Spiegel und wurde sehr traurig. Mit solch traurigen Augen begann es zu reden:

„Ich sehe Herzen, die miteinander sprechen.
Alle Herzen haben etwas zu erzählen.
Wenn ich aber genauer hinschaue, sehe ich,
dass alle Herzen Narben und Wunden haben.

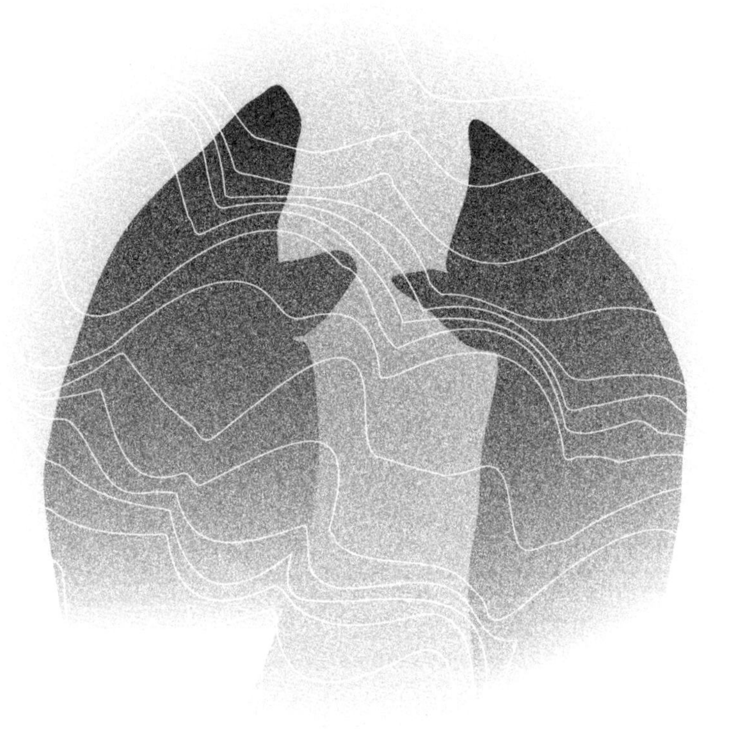

Manche Narbe ist lang und tief.
Und aus mancher Wunde tropft noch
der Schmerz der Verletzung.
Das ist nicht schön.
Das ist traurig."

„Du bist ein feiner Beobachter",
sagte das Gespräch.
„Ich bin das Gegenwärtige.
Vergangenheit kann ich in der Gegenwart besprechen,
nicht aber rückgängig machen.
Heilen ist eine Möglichkeit.
Wir können sie anstoßen,
haben sie oft jedoch nicht in unserer Macht.
Ein Verschwinden der Narben aber wird es nicht geben.
Das aber ist auch nicht schlimm,
gehören Narben doch zum Leben hinzu.
Verwechsele dies nie.
Ich bin kein Besitz, über den verfügt werden kann,
sondern offen wie der Himmel über Dir.
Immer bin ich gegenwärtig."

„Halt",
unterbrach das namenlose Wesen eilig das Gespräch.
„Ich sehe noch etwas anderes.
Die Herzen stehen alle vor einem Weg
und dieser Weg scheint unendlich offen.
Manche der Herzen haben Pflaster in ihrem Gepäck.
Sie wenden sich anderen Herzen zu
und versuchen sie zu trösten.
Andere aber wiederum halten Messer in ihren Händen.
Ich mag nicht hinschauen,
ahne ich doch, was sie in ihrem Herzen mit sich tragen."

„Wirklich, wirklich, Du kannst sehen."

entgegnete das Gespräch.

„Es ist ein Trost, dass der Weg offen ist.
Das gilt für jeden Schmerz.
Ich, das Gespräch, bin immer die Gegenwart,
auch wenn ich manchmal zu ersticken drohe.
Nie bin ich nur etwas Vergangenes oder Zukünftiges.
Vergangenheit und Zukunft sind meine Partner,
doch die Gegenwart bin ich allein.
Spiegele dies in den Augen der Erdenkinder,
so werden sie ihr Leben heute ergreifen als Gespräch.
Im Gespräch werden sich Besitz und Weg
zwar begegnen, nie jedoch völlig ineinander aufgehen.
Hier, nimm nun meinen Knopf."

Das namenlose Wesen dankte sehr und freute sich. Gleichzeitig fühlte es, dass es sehr müde wurde. Das Gespräch hatte es sehr angestrengt.

Das namenlose Wesen bat um einen großen Schluck Atem, um sich erfrischen zu können.

Der Besitz sorgte rasch dafür, dass ihm dieser Wunsch erfüllt wurde.

15.

Bislang war ein Geselle noch stumm geblieben. Aus Respekt vor dem namenlosen Wesen wartete dieser Geselle noch einige Atemzüge, bis er mit seiner Vorstellung anhob.

„Weg, mein Name.
Unschwer wirst Du erraten,
dass Zukunft mein Anliegen ist.
Zwar gibt es ohne Vergangenheit die Zukunft nicht.
Und möglich wird sie erst durch die gelebte Gegenwart.
Doch der Weg darf nicht
mit dem Besitz oder dem Gespräch verwechselt werden,
denn ich bin mit der freudigen Ungewissheit
des Überraschenden und Neuen ausgestattet
und werde vor immer neue Aufgaben stellen."

Und auch der Weg ergriff den Spiegel und sprach zum namenlosen Wesen:

„Schau in diesen Spiegel
und sage mir, was Du siehst."

Das Gesicht des namenlosen Wesens hellte sich auf.
Offensichtlich war es etwas Schönes,
auf das es im Spiegel blicken konnte.
Ein Lächeln glitt über seine Wangen.

„Ich sehe Erdenkinder,
deren Herz sie auf einen guten Weg führt.
Auch wenn sie Narben auf ihren Herzen tragen,
so scheinen das Heimweh und das Fernweh
sich in einem Lächeln zu verbinden.
Das ist schön.
Das fühlt sich gut an.
Es ist ein Geschenk, das jedoch nicht jedem zuteil wird."

Der Weg nickte bedächtig und beeindruckt.

„Jedes Erdenkind kann froh sein,
wenn Du seinen Atem beflügelst.
Du bist ein geselliges Wesen,
das wirklich einen schönen Namen verdient hat.
Deine Eltern werden ihn gewiss aussprechen,
wenn Du von Deiner Reise zurückkehrst.
Lehre die Erdenkinder Zuversicht.
Sind sie mit ihrem Besitz und ihrem Gespräch im Reinen,
so werden sie
– in welcher Gefährtenschaft auch immer –
ihren Weg bewältigen.
Nimm nun diesen letzten unserer Knöpfe,
der als oberster den Erdenkindern
ihren Weg leuchten soll."

Das namenlose Wesen dankte und staunte. Und es machte sich alsbald wieder auf den Weg.

16.

Nach wenigen Schritten wurde es nachdenklich und hielt inne, um sich zu besinnen. Elf Knöpfe hatte es als Gabe überreicht bekommen. Es war beschenkt worden – mal mehr, mal weniger freiwillig. Immer jedoch wurde der Knopf ihm überreicht – überreicht aus den Händen der Hüter des Hauses. Elf Häuser lagen nun hinter dem Wesen – ganz unterschiedlich in Größe und Gestalt.

Nur ein Knopf fehlt noch, dann werde ich – so dachte das namenlose Wesen – endlich nach einem langen und großen Abenteuer zu meinen Eltern zurückkehren können.

Es blieb einzig die Aufgabe, den zwölften Knopf zu suchen und zu finden. Das Wesen wusste: Hatte es erst einmal diesen zwölften Knopf in seinem Besitz und dann auch sein farbenprächtiges Gewand geschneidert, so würde es einen Namen bekommen – seinen Namen, den unaussprechlichen Namen, der das Leben in unser aller Herz flüstert. So machte es sich auf den Weg zum zwölften Gebäude.

17.

Das letzte Gemäuer, das bald schon von weitem sichtbar wurde, war jedoch bereits beim ersten Ansehen verwirrend. Es wirkte seltsam unzugänglich. Nirgends war eine Tür oder irgendein Fenster zu erkennen, durch das man zur Hüterin des Hauses in das Innere hätte vordringen können. Das Gebäude zeichnete sich durch schlichte Mauern aus – klar und ohne Schnörkel. Aber es schien vollständig verschlossen und von außen betrachtet leer, ganz leer.

Was bedeutete das?

Das namenlose Wesen spürte, wie die Verzweiflung in seinem Herzen Raum gewann. Es brauchte doch auch den letzten Knopf, diesen einen letzten Knopf – sonst würde das Gewand, das farbenprächtige Gewand nicht vollendet werden können.

Das Wesen harrte eine Zeit lang regungslos vor diesem seltsamen Gebäude aus.

Was, wenn da gar kein Hüter mehr war?
Was, wenn der Hüter
weggezogen oder gar verstorben wäre?
Was, wenn es an diesem Ort
wirklich keinen Knopf mehr geben sollte?

Das namenlose Wesen seufzte tief:
Wie sollte es nur an diesen einen letzten Knopf gelangen?

Ein kalter Hauch ummantelte das fröstelnde Wesen, das sich in diesem Augenblick – trotz aller Knöpfe, die es bereits eingesammelt hatte – sehr einsam und alleine fühlte. Hier würde ihm nichts von niemandem gegeben. Das wurde ihm bewusst. Den letzten Schritt musste das namenlose Wesen wohl selbst von sich aus gehen, um zu dem noch fehlenden Knopf zu gelangen. Es dachte nach und überlegte:

„Wenn ich mein Gewand vollenden will,
dann muss ich etwas wagen.
Ich muss in die Unsicherheit aufbrechen
und selbst einen Weg suchen.
Den letzten Knopf wird mir keiner geben.
Ich muss ihn mir holen.
Nur wo?
Und wie?"

Lange blickte unser namenloses Wesen mit großen Augen auf das von allen Seiten verschlossene Gebäude. Es betrachtete das Haus Minute um Minute, Stunde um Stunde. Dann kam ihm der Gedanke: Wenn irgendwo der Knopf zu finden sein wird, dann doch dort im Inneren des Gebäudes. Wenn dies aber so ist, muss ich irgendwie in dieses Gebäude hineinkommen. Das namenlose Wesen seufzte wieder tief. Alles war so ungewiss, so unklar, im Dunkeln. Es musste das Wagnis auf sich nehmen, einen großen Fehler zu machen. Aber: Was hatte es sonst für eine Möglichkeit, sein Werk zu vollenden? Sollte es ewig in seiner Angst gefangen bleiben und deswegen kein passendes Gewand schneidern können?

Das namenlose Wesen kämpfte mit seiner Furcht und griff schließlich nach einer Feder, um das Gefängnis der eigenen Verzagtheit durchbrechen zu können.

Das Herz pochte, Tränen stiegen in seine Augen. Es war so anstrengend und so risikoreich. Jederzeit, so fühlte es, könnte es sich verletzen.

Das namenlose Wesen machte sich an die Arbeit. Behutsam und doch mit einem klaren Ziel klopfte es mit seiner Feder an die Wand.

Hier sollte, hier musste ein Zugang entstehen, richtete sich doch die ganze Hoffnung auf das geheimnisvoll gehütete Innere des Hauses.

Es spürte, wie sehr es mit seiner Angst zu ringen hatte. Sein Herz musste sich immer wieder Mut zusprechen.

Um sich nicht zu verletzen, aber auch keine anderen Wesen, die womöglich hinter der Wand warteten oder auch nur zufällig am Haus des Weges kamen, hörte es sorgsam auf den Rhythmus der Schläge, mit dem das Gemäuer auf das Klopfen der Feder antwortete.

Dann endlich:
Es war geschafft!

Die Öffnung war so groß, dass das namenlose Wesen in das Gebäude hineinschlüpfen konnte. Ein gewisser Stolz erfüllte sein Herz, hatte es sich doch voller Wagnis auf das Ungewisse eingelassen.

Ein Loch war in die undurchdringlich scheinende Mauer des Unbekannten geschlagen. Doch dies war nur der allererste Schritt. Jetzt galt es, weiteres Zutrauen zu fassen.

Es nahm all seinen Mut zusammen, um in das dunkel entgegentönende Innere einzutreten. Die Dunkelheit schien übermächtig alles in sich aufzusaugen.

Da erinnerte sich das namenlose Wesen an das Geschenk, das es im Haus des Streits mit auf den Weg bekommen hatte. Im Widerstreit gegen das allumfassende Dunkel leistete nun der Lichtstrahl, der einst Teil seines Gepäcks geworden war, wertvolle Dienste. Der Lichtstrahl leuchtete tastend in der Dunkelheit umher, um Orientierung zu suchen. Und siehe da: Das Licht spiegelte sich unvermittelt an einem funkelnden Knopf, der in der Mitte des Raumes auf einem Balken angebracht war.

Ein Knopf.
Der Knopf!

Doch nicht nur das.
Im Schimmerschein des Lichtstrahls
wurde eine merkwürdige Umrandung sichtbar.
Der Knopf strahlte inmitten einer Anreihung von Worten,
die ihn schneckenförmig umfassten.
Die Worte wirkten rätselhaft
und verbanden sich zu einem Satz.
Der Satz lautete:

„Wer ohne Freiheit dem Anderen begegnet,
wird dem Anderen nie begegnen."

Welch merkwürdiger Gedanke?
Rätselhaft.
Unser Wesen schaute sich um,
doch nichts rührte sich in dem Raum.
Es war das Nichts,
das reine Nichts,
das ihn umgab.

Als das Wesen eine Zeit lang innegehalten hatte, breitete sich der Geist der furchtlosen Entschlossenheit in seinem Herzen aus, und es griff nach dem funkelnden Knopf aus der Mitte des Satzes.

Dann aber geschah etwas Wunderliches vor seinen Augen. Die Worte und Buchstaben auf dem Balken begannen zu tanzen.

Sie tanzten und tanzten –
laut und leise,
wild und sanft,
ausgelassen und sorgsam aufeinander achtend.

Andere Buchstaben kamen aus dem Dunkel hinzu und tanzten mit. Es war ein fröhlicher Tanz und als sich alle wieder beruhigt hatten, sortierten sich die Buchstaben neu.

So war plötzlich auf dem Balken ein ganz anderer Spruch zu lesen:

„Dein Name kann nur wachsen aus der Freiheit.
Freiheit aber ist die Gabe,
die die elf Erinnerungen erst lebendig macht
und ihnen Grund verleiht."

Da staunte das noch namenlose Wesen, denn die Worte waren an das Innerste seines eigenen Herzens gerichtet. Sein Herz aber war voll der Freude und Gelassenheit.

Es dachte bei sich:

„Elf Knöpfe habe ich geschenkt bekommen,
beim letzten Knopf aber war alles anders.
Ich habe den Knopf nicht als Gabe bekommen,
ich musste mich überwinden
und den Knopf selbst ergreifen.
Nur so wurde das,
was mein Eigenes ist,
ganz und vollständig."

Es schlüpfte aus dem Haus und breitete auf einer Wiese die nunmehr zwölf Knöpfe nebeneinander aus. Sie alle passten wunderbar zueinander.

Da war unserem Wesen klar, dass es recht gehandelt hatte.

Das Risiko, den letzten Schritt durch die scheinbar undurchdringbaren Mauern zu gehen, hatte sich gelohnt.

Denn sein neuer Knopf reihte sich nahtlos in die Farbpalette der anderen Knöpfe ein und vollendete deren Farbenpracht.

Das namenlose Wesen seufzte voll tiefer Erleichterung ein letztes Mal.

Es war geschafft.

Zwölf Knöpfe leuchteten vor seinen Augen.

18.

So sehr sich das namenlose Wesen über die jetzt vollständige Reihe der Knöpfe freute, so sehr sehnte es sich nun nach seiner Heimat und nach seinen Eltern.

Unser namenloses Wesen war aber zunächst so müde, dass es auf der grünen Wiese neben der Sammlung der Knöpfe in einen tiefen Schlaf versank. Es träumte noch einmal von all den elf Begegnungen und von dem Mut, den es gefasst hatte, um zu dem zwölften Knopf vorzudringen. Einen Moment lang schreckte das Wesen im Traum zusammen, als es merkte, dass es auch hätte verwundet werden können. In manch anderen Gebäuden wäre wohl nur das reine Nichts gewesen, vielleicht sogar der Schmerz der Verletzung und der Einsamkeit. Da aber legte der wärmende Mantel des Lebens sich über sein Herz. Die Bilder der Begegnungen zogen an seinem inneren Auge vorüber. Jede Geschichte fand ihren Platz im Herzen. Und sein Herz wurde ruhig in sich. Es war ein schöner Traum, voll Phantasie und prächtiger Farben.

Als das namenlose Wesen aufwachte, rieb es sich die Augen. Wie lange mochte es geschlafen haben? Das wusste es nicht. Die Knöpfe lagen noch so in ihrer Farbenpracht einträchtig nebeneinander, wie sie vor dem Einschlafen hingelegt worden waren.

Das namenlose Wesen fühlte sich nun frisch und gestärkt, um den Heimweg anzutreten. Die Knöpfe sammelte es sorgsam in seiner Hand und achtete darauf, dass des Wegs auch ja kein Knopf verlorenging.

19.

Nach vierzig Tagen einer langen und diesmal gar nicht so beschwerlich erscheinenden Reise gelangte unser Wesen wieder in die Heimat von „*Es ist, was es ist*".

Das namenlose Wesen zog sich zurück in eine stille Kammer und begann alsbald mit der so lange herbeigesehnten Arbeit. Das Wesen konnte sich nun aus dem farbenfrohen Stoff mit Hilfe der Knöpfe ein feines Gewand fertigen – ein Gewand, das nötig ist, um sich zu schützen und um wachsen zu können. Der Stoff konnte zu dem gestaltet werden, was ihm, dem Wesen ohne Namen, eine passende Form geben würde. Ganz gewiss. Es war die reine Pracht, die reine Farbenpracht des Lebens, die es mit den Knöpfen in sein Gewand einflechten konnte. Der Lufthauch nähte sich voller Freude sein Kleid, das nun immer Beides zu umfassen vermochte:
das Feine und das Unfeine,
die Freude und den Schmerz,
das Gelingen und das Scheitern,
das Verbundene und das Getrennte.

Zwölf Löcher und zwölf Knöpfe sorgten dafür, dass sich das Gewand in allen Situationen an den Lufthauch anschmiegen konnte. Das namenlose Wesen verzierte so sein Gewand mit den gewonnenen Erinnerungen seiner langen Reise. Denn aus allen Häusern hatte es ja nicht nur einen Knopf, sondern auch ein Bild des Lebens mitgenommen.

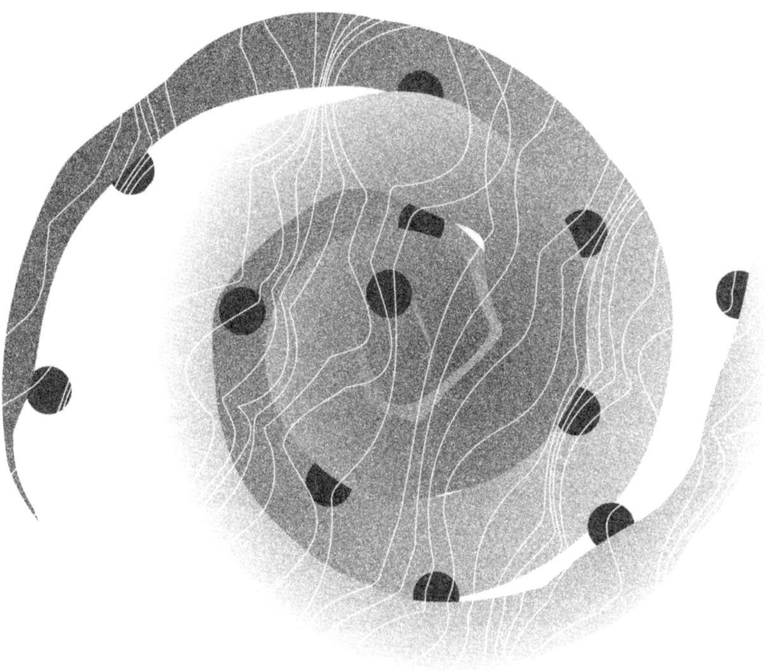

Das bin also ich, dachte das noch namenlose Wesen. Es wusste, dass jetzt noch etwas ganz Entscheidendes auf es wartete. Wenn es nämlich ein Gewand tragen würde, um wachsen und sich schützen zu können, würde es auch einen Namen, *seinen* Namen, bekommen.

Flugs zog es das farbenprächtige Gewand an. Solchermaßen gekleidet trat es nun vor sein einsatziges Elternpaar. Alle Augen leuchteten. „*Es ist, was es ist*" waren sichtlich stolz. Sie streichelten sanft den Kopf des namenlosen Wesens und blickten voll Bewunderung und Freude in dessen Herz. „*Es ist, was es ist*" waren so stolz, dass sie nun das machten, was alle Eltern in solch einer Freude machen würden. Sie nannten ihr Kind bei seinem Namen:

„Liebe, Dein Name sei Liebe.
Nie wird man Dich besitzen können
wie ein Stück Papier.
Immer aber wirst Du den Atem beflügeln
von Menschen, die einander
in den vielen Gestalten Deines Lufthauchs begegnen.
Unsere Liebe,
nun bist Du farbenreich gekleidet
und hast die Bilder des Lebens
in Deinem Herzen gesammelt,
so dass Du Menschen ein treuer Ratgeber sein kannst.
Dein Name sei ein friedensstiftender Grund
für allen Widerstreit des Lebens.
Sei Begleiter auf Wegen der Erdenkinder,
die einander Deinen Namen sagen,
in welcher Weise auch immer."

In
diesem
Augenblick

wandelte sich so

das namenlose Wesen

in die
Gestalt
der
Liebe

mit ihren zwölf Verknüpfungen.

20.

Wie ein Lufthauch,
ein dünner, sanft gleitender Lufthauch
weht die Liebe durch die Welt.

Sie flüstert das Leben in unser aller Herz.

Der Lufthauch entsteht,
er bleibt und breitet sich aus,
zuweilen entschwindet er.

Nur unser Atem
– sanft, mutig und verletzlich –
braucht ihn,
weil sonst unser Herz zu erstarren droht.

Nichts ist so aufregend,
so unendlich aufregend,
als den Lufthauch wachsen zu sehen,
wie er sich ausbreitet unter Menschen.

Er ist eine prächtige Gestalt,
wohl die prächtigste auf Erden.

Und die Bilder der erinnerten Häuser
tanzten voll Freude miteinander im Herzen,
die Freiheit aber tanzte immer in ihrer Mitte.

Nachgedanken im Rückspiegel:

Poesie ist die bessere Wahrheit,
wenn es darum geht,
Leben in seiner Tiefe zu denken und zu umschreiben.
Poesie ist die bessere Methode,
wenn es darum geht,
den Widerstreit des Lebens mit Sprache zu umfassen.
Poesie ist wirklich wirkliche Wirklichkeit.